Made in the USA
Las Vegas, NV
08 August 2021

27821355R00111